LES

ÉLECTIONS POLITIQUES

A MONTBÉLIARD

ET DANS LE DÉPARTEMENT DU DOUBS

RÉSULTATS

pour la période de 1804 à 1898.

PAR

Auguste EMONOT

MONTBÉLIARD
IMPRIMERIE ET LITHOGRAPHIE VICTOR BARBIER

1898

Couverture inférieure manquante

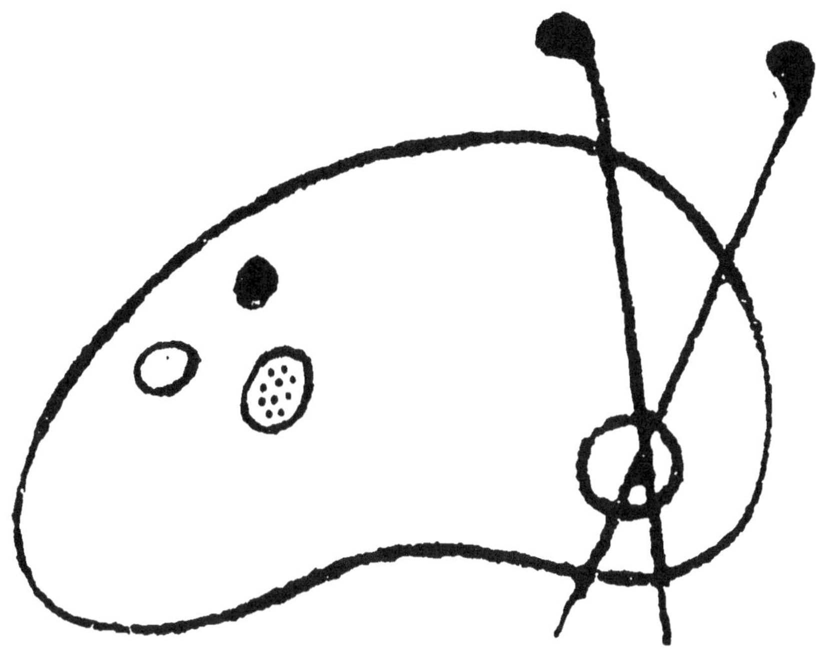

Fin d'une série de documents
en couleur

INTRODUCTION

Au lendemain des élections générales de 1898, il m'a paru intéressant de réunir dans une brochure faite à la hâte, les résultats des diverses élections politiques qui ont eu lieu à Montbéliard et dans le département du Doubs depuis un certain nombre d'années.

Je dépasserais les limites assignées à ce travail si je cherchais à retracer, même sous une forme sommaire, l'histoire politique de la France depuis 1789, au point de vue électoral et administratif proprement dit.

Je me bornerai donc seulement à indiquer brièvement, en tête de chaque catégorie d'élections, les lois fondamentales qui règlent actuellement le mode de nomination de nos Conseillers d'arrondissements, Conseillers généraux, Députés et Sénateurs.

Montbéliard, le 10 Mai 1898.

A. EMONOT.

I

Election des Conseillers d'arrondissement.

La loi du 28 pluviôse, an VIII (17 février 1800), sur l'organisation administrative, a rétabli, sous le nom d'arrondissements, les districts institués par la Loi du 22 décembre 1789; elle a placé auprès du Sous-Préfet un Conseil d'arrondissement dont les attributions ne sont pas bien importantes.

L'existence des Conseils d'arrondissements a été, du reste, plusieurs fois mise en question.

Le rôle de ces assemblées consiste à émettre des vœux sur diverses questions d'utilité publique et à répartir entre les communes les contingents assignés à l'arrondissement pour les contributions directes.

L'organisation des conseils d'arrondissements a été réglée par la Loi du 22 juin 1833.

D'après cette loi, les conseillers d'arrondissement sont élus pour 6 ans et sont renouvelables par 1/2 tous les trois ans, suivant des séries déterminées par voie de tirage (article 25); ils se réunissent deux fois par an, en Juillet et en Septembre, et chacune de leurs sessions ne peut durer plus de cinq jours.

Ils font partie de droit, comme les Députés et les Conseillers généraux, du Collège électoral départemental chargé de procéder à la nomination des Sénateurs (art. 4 de la loi du 24 février 1875, et art. 6 de la loi du 8 décembre 1884).

L'ordonnance du 20 août 1833 et ensuite le décret du 10 novembre 1862 ont fixé le nombre des Conseillers d'arrondissement que chaque canton doit élire dans les arrondissements de Sous-Préfecture où il y a moins de 9 cantons: c'est en vertu de ces dispositions légales que les cantons de Montbéliard et d'Audincourt ont chacun 2 Conseillers d'arrondissement à nommer, alors que les 5 autres cantons n'en élisent qu'un.

Le mode de renouvellement des Conseillers d'arrondissement a été changé par la Loi du 23 Juin 1892, laquelle a stipulé : « que dans les cantons où le tirage au sort opéré en 1871, a amené la coïncidence de l'expiration du mandat du Conseiller général et du ou des Conseillers d'arrondissement, le ou les Conseillers d'arrondissements de ces cantons, lors des renouvellements partiels de 1892 et de 1895, ne seront élus que pour 3 ans. »

Par application de ces dispositions, les pouvoirs de MM. Goguel-Ferrand et Thourot Frédéric, élus en 1895 en même temps que M. Fallot, conseiller général du canton, expireront en 1898.

Résultats des Scrutins.

---

1. — Scrutin du 24 Novembre 1833. (1)

Inscrits 50. — Votants 40.

ELU : M. Fallot Pierre-Frédéric-Charles, pharmacien 22 v.
» M. Sahler Charles-Samuel (2) . . . . 25 v.

2. — Scrutin du 2 février 1834.

Inscrits 50. — Votants 25.

ELU : M. Sahler-Meiner Georges-Louis . . . . . . 16 v.

(En remplacement de M. Fallot, qui a opté pour le canton d'Audincourt).

---

(1) Les scrutins numérotés 1 à 4, concernent le canton ; les suivants également avec l'indication des suffrages de la ville.

(2) Maire de la Ville de Montbéliard de 1840 à 1865.

3. — Scrutin du 3 décembre 1839.

Inscrits 60. — Votants 40.

ELU : MM. Sahler Charles-Samuel, docteur en médecine . . . . 31 v.

» Morel Frédéric, Directeur de la poste aux lettres. . . . . 19 v.

4. — Scrutin du 30 novembre 1845.

Inscrits 60. — Votants 34.

ELU : MM. Morel Frédéric, ancien Directeur de la poste 25 v.

» Sahler Léopold-Ferdinand (1), filateur . 28 v.

5. — Scrutin du 27 août 1848.

Inscrits 1202. — Votants .

ELU : MM. Sahler Ferdinand, filateur, par 520 voix dont 292 de la ville.

» Morel Charles-Frédéric (2), banquier, par 301 v. dont 284 de la ville.

6. — Scrutin du 3 août 1852.

Inscrits 2888. — Votants 1558.

ELU : MM. Morel Charles-Frédéric, banquier, par 1483 voix dont 298 de la ville.

» Lalance Alexandre, par 1462 voix dont 276 de la ville.

7. — Scrutin du 5 juin 1855.

Inscrits 2866. — *Votants* 1232.

ELU : MM. Morel Charles-Frédéric, banquier, par 1223 voix, dont 175 de la ville.

» Lalance Alexandre, ancien officier, par 1219 voix dont 171 de la ville.

---

(1) Conseiller général de 1852 à 1853, Adjoint au Maire de Montbéliard du 18 mai au 19 octobre 1848, décédé le 3 octobre 1855.

(2) Conseiller général du Doubs de 1856 à 1867 ; décédé le 4 juillet 1873.

8. — Scrutin du 22 mai 1856.

Inscrits 2917. — *Votants* 1478.

ELU : M. Morel-Macler, architecte, (1) par 1477 voix, dont 378 de la ville, en remplacement de M. Morel Charles-Frédéric, élu Conseiller général.

9. — Scrutin du 20 Juin 1861.

Inscrits 3103. — *Votants* 1365.

ELU : MM. Lalance Alexandre, ancien officier, par 1336 voix dont 267 de la ville.

» Morel-Macler, architecte, par 1321 voix dont 256 de la ville.

10. — Scrutin du 4 août 1867.

Inscrits 3461. — *Votants* 2002.

ELU : MM. Fallot Charles-Samuel-Frédéric (2) par 1920 voix dont 584 de la ville.

» Morel-Macler, architecte, par 1863 voix dont 574 de la ville.

11. — Scrutin du 9 octobre 1871.

Inscrits 3325. — *Votants* 1808.

ELU : MM. Beucler-Bourquin, propriétaire à Bart, par 923 voix dont 349 de la ville.

» Bernard Armand-Arsène (3), notaire, par 909 v. dont 402 de la ville.

---

(1) Architecte de la ville de Montbéliard du 11 juin 1834 au 29 décembre 1856, décédé à Montbéliard le 29 novembre 1883.

(2) Maire de Montbéliard de novembre 1871 à janvier 1872.

(3) Adjoint au maire de Montbéliard du 21 mai 1871 au 25 février 1872, date de son décès.

12. — Scrutin du 29 avril 1872.

Inscrits 3376. — *Votants* 1759.

ELU : M. Mégnin Louis-Frédéric-Eugène, (1) banquier, par 1088 voix dont 600 de la ville, en remplacement de M. Bernard, décédé.

13. — Scrutin du 4 novembre 1877.

Inscrits 3699. — *Votants* 2510.

ELU : MM. Brellmann Jules (2), avocat, par 2467 voix dont 1116 de la ville.

» Beucler-Bourquin, propriétaire à Bart, par 2462 voix dont 1112 de la ville.

14. — Scrutin du 14 Mai 1882.

Inscrits 3846. — *Votants* 1996.

ELU : M. Berger Charles (3), négociant à Montbéliard, par 1711 voix dont 770 de la ville, en remplacement de M. Brellmann Jules, nommé Procureur de la République à Montbéliard.

15. — Scrutin du 12 août 1883.

Inscrits 3822. — *Votants* 1765.

ELU : MM. Berger Charles, négociant, par 1675 voix dont 755 de la ville.

» Beucler-Bourquin (4), propriétaire à Bart, par 1645 voix dont 750 de la ville.

---

(1) Décédé à Nice le 10 janvier 1879.

(2) Actuellement Président du Tribunal civil de Besançon, Adjoint au Maire de Montbéliard du 1er mai 1875 au 11 septembre 1877 et du 15 mars 1878 au 30 avril 1880, (✠ du 31 décembre 1897).

(3) Décédé le 27 décembre 1888, étant Directeur-Gérant du journal *Le Quatorze Juillet.*

(4) Ne s'est pas représenté en 1889.

16. — Scrutin du 10 février 1889.

Inscrits 3882. — *Votants* 1871.

ELU : MM. Pardonnet Louis (1), notaire et maire de Montbéliard, par 1525 voix dont 753 de la ville.

» Dormoy Charles, maire de Désandans, par 1282 voix dont 684 de la ville.

17. — Scrutin du 28 juillet 1889.

Inscrits 3772. — *Votants* 2184.

ELU : MM. Pardonnet Louis , notaire et maire de Montbéliard, par 1725 voix dont 797 de la ville.

» Dormoy Charles, maire de Désandans, par 1648 voix dont 760 de la ville. (2)

18. — Scrutin du 28 juillet 1895.

1er tour.

Inscrits 3591. — *Votants* 2211.

ELU : M. Goguel-Ferrand, cultivateur, maire d'Allondans, par 1355 voix, dont 680 voix de la ville sur 1020 votants.

19. — Scrutin du 4 août 1895.

2e tour. — *Votants* 847.

ELU : M. Thourot Frédéric, fabricant de limes, conseiller municipal de Montbéliard, par 448 voix dont 346 voix de la ville sur 505 votants.

---

(1) Maire de la Ville de Montbéliard de 1888 à 1896, (✻ du 13 août 1893).

(2) Ne s'est pas représenté en 1895 , ainsi que M. Pardonnet.

Liste des Conseillers d'arrondissement du Canton de Montbéliard, élus de 1833 à 1895.

MM.

1. Fallot Pierre-Frédéric-Charles, pharmacien, du 24 novembre 1833 au 2 février 1834.
2. Sabler Charles-Samuel, du 24 novembre 1833 au 30 novembre 1845.
3. Sahler-Meiner Georges-Louis, de 1834 à 1839.
4. Morel Frédéric, Directeur de la Poste, de 1839 à 1848.
5. Sahler Léopold-Ferdinand, filateur, de 1845 à 1852.
6. Morel Charles-Frédéric, banquier, de 1848 à 1856.
7. Lalance Alexandre, ancien officier, de 1855 à 1867.
8. Morel-Macler, achitecte, de 1856 à 1871.
9. Fallot Charles-Samuel-Frédéric, de 1867 à 1871.
10. Beucler-Bourquin, propriétaire à Bart, de 1871 à 1889.
11. Bernard Armand-Arsène, notaire, de 1871 à 1872.
12. Mégnin Louis-Frédéric-Eugène, banquier, de 1872 à 1877.
13. Brellmann Jules, avocat, de 1877 à 1882.
14. Berger Charles, négociant, de 1882 à 1888.
15. Pardonnet Louis, notaire, de 1889 à 1895.
16. Goguel-Ferrand Pierre-Georges, propriétaire-cultivateur et maire à Allondans, de 1895 à *1898*.
17. Thourot Frédéric, fabricant de limes, de 1895 à *1898*.

II

Election des Conseillers Généraux.

D'après les dispositions de la Loi du 28 Pluviose, an VIII (17 février 1800), la nomination des membres des Conseils généraux appartenait au Gouvernement.

La Loi du 22 Juin 1833 a substitué pour les membres des Conseils généraux, comme pour les membres des Conseils municipaux, le principe de l'élection à celui de la nomination par le Gouvernement.

Plus tard, la Loi du 10 août 1871, a réglé définitivement le mode de nomination des Conseillers généraux, ainsi que les attributions des Conseils généraux en donnant à ceux-ci des pouvoirs assez étendus.

En vertu de cette dernière Loi, chaque canton du département élit un membre du Conseil général (art. 4).

L'élection se fait au suffrage universel dans chaque commune, sur les listes dressées pour les élections municipales (art. 5).

Les Conseillers généraux sont nommés pour 6 ans ; ils sont renouvelés par moitié tous les trois ans (art. 21).

Ils font partie de droit, comme les Députés et les Conseillers d'arrondissement, du Collège électoral réuni au chef-lieu du département pour la nomination des Sénateurs (articles 4 de la Loi du 24 février 1875, et 6 de la Loi du 8 décembre 1884).

Les Conseils généraux ont chaque année deux sessions ordinaires (art. 23).

La session dans laquelle sont délibérés le budget et les comptes, commence de plein droit le premier Lundi qui suit le 15 août, et ne peut être retardée que par une Loi.

L'ouverture de l'autre session a lieu au jour fixé par le Conseil général dans la session du mois d'Août précédent, elle se tient généralement le premier Lundi qui suit la semaine de Pâques.

La durée de la session d'Août ne peut excéder un mois ; celle de l'autre session ordinaire ne peut excéder 15 jours.

Les Conseils généraux peuvent être réunis extraordinairement par décret, sur la demande écrite des 2/3 des membres de l'Assemblée.

D'un autre côté, la Loi du 15 février 1872, règle le rôle éventuel des Conseils généraux pour le cas où l'Assemblée Nationale, *où celles qui lui succèderont*, viendraient à être illégalement dissoutes ou empêchées de se réunir.

En vertu de cette Loi, les Conseils généraux doivent, le cas échéant, s'assembler immédiatement de plein droit, et sans qu'il soit besoin de convocation spéciale, au chef-lieu de chaque département.

Ils peuvent s'assembler partout ailleurs dans le département si le lieu habituel de leurs séances ne leur paraît pas offrir des garanties suffisantes pour la liberté de leurs délibérations.

Deux délégués choisis, dans ce cas, par chacune des Assemblées départementales, sont chargés, avec les Membres du Gouvernement légal et les Députés qui auront pu se soustraire à la violence, de prendre les mesures urgentes que nécessite le maintien de l'ordre, et spécialement de celles qui ont pour objet de rendre aux Assemblées la plénitude de leur indépendance et l'exercice de leurs droits.

Cette loi, dont l'importance n'échappera à personne, doit mettre le Gouvernement de la République à l'abri des coups d'Etat, si les Membres des Conseils généraux savent faire leur devoir.

Résultats des Scrutins.

(Avant la Loi du 22 Juin 1833, les Conseillers Généraux sont nommés par le Gouvernement).

---

1. — Scrutin du 29 novembre 1836. (1)

Inscrits 56. — *Votants* 47.

ELU : M. Lalance Charles-Léonard-Frédéric (2), fabricant, par . . . . 39 voix.

2. — Scrutin du 30 novembre 1845.

Inscrits 60. — *Votants* 41.

ELU : M. Berger Georges, agent de change à Paris, par . . . . 36 voix.

3. — Scrutin du 27 août 1848.

Inscrits 1202. — *Votants* .

ELU : M. Goguel Auguste, (3) notaire, par . . . 426 voix.

4. — Scrutin du 3 août 1852.

Inscrits 2888. — *Votants* 1558.

ELU : M. Sahler Léopold-Ferdinand, (4) filateur, par 1483 voix, dont 315 de la ville.

---

(1) Les résultats donnés sont ceux du canton pour les deux premiers scrutins, comme pour les suivants.

(2) Décédé le 21 mai 1854.

(3) Candidat représentant du peuple au scrutin départemental du 23 avril 1848. Voir page 17.

(4) Conseiller d'arrondissement de 1845 à 1852 ; Adjoint au maire de Montbéliard du 18 mai au 19 octobre 1848 ; décédé le 8 octobre 1855.

5. — Scrutin du 17 novembre 1853.

Inscrits 50. — *Votants* 43.

ELU : M. Beurnier Charles-David-Louis, Commandant du génie, par . . . . 30 voix.

6. — Scrutin du 9 janvier 1856.

Inscrits 2878. — *Votants* 2059.

ELU : M. Morel Charles-Frédéric père, (1) banquier, par 1103 voix, dont 367 de la ville.

7. — Scrutin du 16 juin 1858.

Inscrits 3022. — *Votants* 1985.

ELU : M. Morel Charles-Frederic père, banquier, par 1983 voix, dont 527 de la ville sur 528 votants.

8. — Scrutin du 4 août 1867.

Inscrits 3462. — *Votants* 2601.

ELU : M. Lalance Charles, (2) rentier, par 1384 voix, dont 571 de la ville.

9. — Scrutin du 9 octobre 1871.

Inscrits 3325. — *Votants* 1836.

ELU : M. Lalance Charles, rentier, par 1091 voix, dont 505 de la ville.

10. — Scrutin du 4 novembre 1877.

Inscrits 3699. — *Votants* 2515.

ELU : M. Fallot Charles-Louis, (3) pharmacien, par 2480 voix, dont 1120 de la ville sur 1144 votants.

---

(1) Conseiller d'arrondissement de 1852 à 1848 ; décédé le 4 juillet 1873.

(2) Maire de la Ville de Montbéliard du 26 août 1865 au 17 novembre 1871. ✠ ✻

(3) Maire de la Ville de Montbéliard du 1er mai 1875 au 17 août 1877, et du 15 mars 1878 au 4 décembre 1879. ✻

11. — Scrutin du 12 août 1883.

Inscrits 3822. — *Votants* 1771.

ELU : M. Fallot Charles-Louis, pharmacien, par 1661 voix, dont 748 de la ville sur 835 votants.

12. — Scrutin du 28 juillet 1889.

Inscrits 3772. — *Votants* 2205.

ELU : M. Fallot Charles-Louis, pharmacien, par 1790 voix, dont 856 de la ville sur 1112 votants.

13. — Scrutin du 28 juillet 1895.

Inscrits 3591. — *Votants* 2198.

ELU : M. Fallot Charles-Louis, pharmacien, par 1842 voix, dont 903 de la ville sur 1054 votants.

Liste des Conseillers Généraux du canton de Montbéliard, élus de 1836 à 1895.

MM.

1. Lalance Charles-Léonard-Frédéric, fabricant, de 1836 à 1845.
2. Berger Georges, agent de change à Paris, de 1845 à 1848.
3. Goguel Auguste, de 1848 à 1852.
4. Sahler Léopold-Ferdinand, filateur, de 1852 à 1853.
5. Beurnier Charles-David-Louis, ancien commandant du Génie, de 1853 à 1856.
6. Morel Charles-Frédéric, père, banquier, de 1856 à 1867.
7. Lalance Charles, rentier, de 1867 à 1877.
8. Fallot Charles-Louis, pharmacien, de 1877 à *1898*.

III

Election des Députés.

Les lois qui règlent actuellement le mode d'élection des Députés sont les suivantes :

1° La loi organique du 30 novembre 1875 ;

2° La loi du 30 décembre 1875 ;

3° La loi du 16 juin 1885 qui modifie la loi électorale en établissant le scrutin de liste ;

4° La loi du 13 février 1889, qui a rétabli le scrutin uninominal ;

5° La loi du 17 juillet 1889, (1) relative aux candidatures multiples.

Les Membres de la Chambre sont élus pour 4 ans, au scrutin uninominal, à raison d'un Député par arrondissement.

Les arrondissements dont la population dépasse 100.000 habitants, nomment un député de plus par 100.000 ou fraction de 100.000 habitants.

La Chambre à élire en 1898, comptera 581 membres.

Les Membres des familles qui ont régné sur la France, sont inéligibles à la Chambre des députés. (Loi du 16 juin 1885).

Nul ne peut être candidat dans plus d'une circonscription.

Tout citoyen qui se présente *ou est présenté* aux élections générales ou partielles doit, par une déclaration signée ou visée par lui et duement légalisée, faire connaître dans quelle

(1) Il y a lieu de rappeler ici que cette Loi fut présentée et défendue à la Chambre par M. Viette, ancien député de notre arrondissement, pour mettre un terme aux agissements du Comité boulangiste.

circonscription il entend être candidat. Cette déclaration est déposée, contre reçu provisoire, à la Préfecture du département intéressé, le 5e jour au plus tard avant le jour du scrutin. Il en est délivré récépissé définitif dans les 24 heures (art. 2 de la loi du 17 juillet 1889). Si des déclarations sont déposées par le même citoyen dans plusieurs circonscriptions, la première est seule valable. Si elles portent la même date, toutes sont nulles (art. 3).

Résultats des Scrutins.

1. — Election des Représentants du peuple, Scrutin du 23 avril 1848.

Inscrits dans le canton de Montbéliard 2811. — *Votants* 2262.

Ont obtenu :

MM. Tanchard Ch., juge de paix à Cuse . . .	1622	voix
Parrot, avocat à la Cour de Cassation. . .	1560	»
Goguel Auguste, (1) notaire à Montbéliard .	1367	»
Demesmay Auguste, négociant, anc. député	1163	»
Bixio Alexandre, agronome.	1112	»
Le général Baraguay d'Hilliers.	1022	»

Résultats pour le département du Doubs.

Inscrits 79399. — *Votants* 68396.

Ont obtenu :

MM. Demesmay Auguste, négociant, ancien député.	48423	v. Elu
Convers, ancien député	45013	»
Tanchard Ch., juge de paix à Cuse. . .	42894	»
Mauvais Victor, membre de l'Institut . .	39073	»
Le général Baraguay d'Hilliers.	31932	»
Bixio Alexandre, agronome	22849	»
De Montalembert	22543	»

7 représentants étaient à élire.

(1) Conseiller général du Doubs de 1848 à 1852.

2. — Scrutin du 13 mai 1849.

Inscrits dans le canton de Montbéliard 2774. — *Votants* 1754.

Ont obtenu :

MM. Demesmay, ancien député.	1089	voix
Bixio, agronome	923	»
Parrot, avocat à la Cour de Cassation . . .	1208	»
Tanchard, juge de paix à Cuse	828	»
Bidal	715	»
Lanquetin, négociant à Paris.	673	»

Résultats pour le département du Doubs.

Inscrits 81975. — *Votants* 52664.

MM. Demesmay	39396 v.	Elu
Le général Baraguay d'Hilliers.	34913	»
De Montalembert	32702	»
Bixio	31637	»
De Moustier	23049	»
Pidoux, avocat	21501	»

6 représentants étaient à élire.

3. — Scrutin du 29 février 1852.

Inscrits dans le canton de Montbéliard 1873. — *Votants* 906.

M. Demesmay, ancien député, a obtenu . 845 voix.

M. Demesmay fut élu député de la 2e circonscription du Doubs, par 26891 voix sur 28025 votants et 39357 électeurs inscrits, pendant que M. de Montalembert était élu député de la première par 20139 suffrages.

4. — Scrutin du 4 décembre 1853.

Ville de Montbéliard.

Inscrits 1334. — *Votants* 941. (1)

M. Latour du Moulin a obtenu . . . . 931 voix.

---

(1) Je n'ai pu trouver trace des résultats généraux de ce scrutin.

5. — Scrutin du 21 juin 1857.

VILLE DE MONTBÉLIARD.

Inscrits 1363. — *Votants* 795.

Ont obtenu :

MM. Latour du Moulin. . . . . 703 voix.

Blondeau. . . . . 84 »

M. Latour du Moulin fut élu député de la 2e circonscription du Doubs par 22127 suffrages sur 29079 votants et 36889 inscrits, pendant que M. de Conégliano était élu député de la première par 17387 suffrages.

6. — Scrutin du 31 Mai 1863.

VILLE DE MONTBÉLIARD.

Inscrits 1498. — *Votants* 1098.

Ont obtenu :

MM. Latour du Moulin . . . . 999 voix.

de Mérode . . . . 97 »

M. Latour du Moulin fut élu député par 20943 voix sur 33359 votants et 38641 inscrits pour la 2e circonscription du Doubs, pendant que M. de Conegliano était élu député de la 1re par 20555 suffrages.

7. — Scrutin du 23 mai 1869.

VILLE DE MONTBÉLIARD

Inscrits 1627. — *Votants* 1252.

Ont obtenu :

MM. Latour du Moulin . . . . 1074 voix.

de Mérode. . . . . 82 »

de Marmier . . . . 81 »

Résultats pour le département du Doubs.

Inscrits 44521. — *Votants* 35626.

Besançon et Pontarlier, 1re circonscription.

MM. Ordinaire . . . . 16201 voix ELU

De Conegliano . . . . 11903 » »

Baume et Montbéliard, 2e circonscription.
Inscrits 36992. — *Votants* 32186.

MM. Latour du Moulin . . . . 14468 voix ELU
de Mérode . . . . 8829 » »
de Marmier . . . . 8818 » »

8. — Scrutin du 6 juin 1869.

VILLE DE MONTBÉLIARD
Inscrits 1627. — *Votants* 1252.

Ont obtenu :

MM. Latour du Moulin . . . . 1156 voix.
de Marmier . . . . 96 »

Résultats pour le département du Doubs.

Inscrits 44521. — *Votants* 36213.

Besançon et Pontarlier, 1re circonscription.

MM. Ordinaire . . . . 18278 voix ELU
de Conégliano . . . . 17825 » »

Baume et Montbéliard, 2e circonscription.
Inscrits 36931. — *Votants* 31031.

MM. Latour du Moulin . . . . 17212 voix ELU
de Marmier . . . . 13578 » »

9. — Scrutin du 8 février 1871.

VILLE DE MONTBÉLIARD ET 4 COMMUNES DU CANTON (*)
Inscrits 2271. — *Votants* 695.

Ont obtenu :

MM. Albert Grévy, avocat à Besançon . . . . 653 voix.
Fernier, maire de Besançon . . . . 658 »
Briot Charles, de St-Hippolyte, professeur . 646 »
Girod, architecte, à Pontarlier . . . . . . 618 »

(*) Les résultats indiqués pour les scrutins 9 et 10, concernent les communes de Montbéliard, Allondans, Bart, Dung et Sainte-Suzanne.

Grenier Edouard, homme de lettres . . . 614 »
Faucompré, agronome. . . . . 610 »
Mettetal, propriétaire à Montbéliard . . . 54 »
(Ballotage).

10. — Scrutin du 12 février 1871.

VILLE DE MONTBÉLIARD ET 4 COMMUNES DU CANTON
Inscrits 2271. — *Votants* 756.

Ont obtenu :

MM. Grévy Albert, avocat à Besançon . . . . 707 voix.
Fernier, maire de Besançon. . . . . . . 683 »
Briot, de St-Hippolyte, professeur . . . 640 »
Brelet, avocat, maire de Baume . . . . 619 »
Cuvier, fondeur, à Seloncourt . . . . . . 598 »
Girod, architecte, à Pontarlier . . . . . 595 »
Mettetal, propriétaire, à Montbéliard. . . 86 »

Résultats pour le département du Doubs.

MM. Albert Grévy. . . . 36910 voix ELU
Thiers . . . . 33590 » »
de Mérode (1). . . . 30794 » »
Monnot-Arbilleur (2) . 29328 » »
Vaulchier . . . . . 26108 » »
Mettetal . . . . . 23031 » »

11. — Scrutin du 27 juillet 1871 pour 2 députés.

VILLE DE MONTBÉLIARD.

Inscrits 1670. — *Votants* 997.

Ont obtenu :

MM. Denfert-Rochereau. . . . . 944 voix.
Fernier, maire de Besançon . . . . 828 »
Gaudy (3). . . . . 99 »

(1) Elu Sénateur du Doubs, le 19 novembre 1876.
(2) Elu Sénateur du Doubs, le 30 Janvier 1876.
(3) M. Gaudy est décédé sénateur du Doubs, le 19 août 1895, et a

Résultats pour le département du Doubs.

Inscrits 81553. — *Votants* 54614.

MM. Fernier . . . . 32115 voix ELU
Denfert-Rochereau . . . . 19484 » »

12. — Scrutin du 7 janvier 1872 pour un député.

VILLE DE MONTBÉLIARD.

Inscrits 1681. — *Votants* 1002.

Ont obtenu :

MM. Gaudy . . . . 868 voix.
Estignard . . . . 123 »
de Jouffroy. . . . . 5 »

Résultats pour le département du Doubs.

Inscrits 80824. — *Votants* 54853.

MM. Gaudy . . . . 25901 voix ELU
Estignard. . . . . 24375 » »

13. — Scrutin du 20 février 1876.

VILLE DE MONTBÉLIARD.

Inscrits 1790. — *Votants* 1199.

Ont obtenu :

MM. Viette, Conseiller général du Doubs . . . 845 voix.
Grosjean Jules, ancien préfet du Ht-Rhin . 340 »

Résultats pour l'arrondissement.

Inscrits 18702. — *Votants* 15008.

Ont obtenu :

MM. Viette. . . . . 9101 voix ELU
Jules Grosjean . . . . 5458 »
Voix perdues . . . . 445 »

été remplacé par M. Rambaud, actuellement Ministre de l'Instruction Publique (Cabinet Méline) : Il avait été élu Sénateur le 25 janvier 1885.

14. — Scrutin du 14 octobre 1877.

VILLE DE MONTBÉLIARD.

Inscrits 2065. — *Votants* 1416.

Ont obtenu :

MM. Viette, député sortant. . . . . 1302 voix.
Mettetal, (1) ancien député . . . . 99 »

Résultats pour l'arrondissement.

Inscrits 18489. — *Votants* 15945.

Ont obtenu :

MM. F.-J. Viette, député sortant. . . . 10270 voix ELU
Mettetal, ancien député . . . . . 6390 »
Voix perdues. . . . . 77 »

15. — Scrutin du 21 août 1881.

Inscrits 2168. — *Votants* 1192.

M. Viette a obtenu à Montbéliard 1015 voix, et 11670 voix dans l'arrondissement, sur 20117 inscrits et 14185 votants. Voix diverses 2515.

16. — Scrutin du 4 octobre 1885.

Elections générales au Scrutin de liste suivant la loi du 16 Juin 1885.

VILLE DE MONTBÉLIARD.

Inscrits 2227. — *Votants* 1354.

Ont obtenu :

MM. Viette, député sortant, Montbéliard . . . 1125 voix.
Bernard, (2) député sortant, Baume . . . 1117 »
Gros Jules, (3) Rédacteur en chef du *Petit Comtois*, Besançon 1re circonscription . 1108 »

---

(1) Il avait été élu député du Doubs à l'Assemblée Nationale, le 12 février 1871.

(2) Elu sénateur du Doubs, le 26 mai 1889.

(3) Non réélu à Besançon en 1889, dans la 2e circonscription.

Dyonis Ordinaire, (1) député sortant, Pontarlier. . . . . 1103 »

Beauquier, député sortant, Besançon 2e circonscription . . . . 1096 »

de Mérode, ancien sénateur, en tête de la liste réactionnaire . . . . 180 »

Résultats pour le département du Doubs. (2)

Inscrits 81222. — *Votants* 64794.

MM. F.-J. Viette	37511	voix	ELU
Bernard	37166	»	»
D. Ordinaire	36292	»	»
J. Gros.	35704	»	»
Beauquier.	35409	»	»

Avaient obtenu :	MM. de Mérode	27593	voix.
	Estignard	27380	»
	de Vézet	26631	»
	de Latheulade. . . .	26320	»
	Papillon	26113	»
	Divers	1215	»

17. — Scrutin du 22 septembre 1889.

Inscrits 2023. — *Votants* 1398.

Ont obtenu à Montbéliard :

MM. F.-J. Viette, député sortant	1082	voix.
Kœchlin Nicolas, réactionnaire	126	»
Petit Honoré, candidat boulangiste . . .	172	»

M. Viette fut élu par 11,347 voix contre 4794 à M. Kœchlin, et 571 à M. Petit, sur 16845 votants et 20763 inscrits.

---

(1) Décédé le 16 octobre 1890.

(2) Voir page 27, les résultats de ce scrutin pour l'arrondissement de Montbéliard.

18. — Scrutin du 20 août 1893.

Inscrits 1979. — *Votants* 1251.

A obtenu à Montbéliard :

M. F.-J. Viette, Ministre des Travaux publics . 1142 voix.

M. Viette fut élu par 12527 voix sur 15251 votants et 21231 inscrits.

Pour terminer la publication de ces divers résultats, j'ai dressé ci-après les Tableaux comparatifs suivants, des différentes élections de M. Viette dans l'arrondissement de Montbéliard, pour la période de 1876 à 1893.

Elections législatives du 20 février 1876.

Nos d'ordre	CANTONS	INSCRITS	VOTANTS	M. Grosjean	M. Viette	Voix perdues
1	Audincourt . . .	4442	3835	889	2927	19
2	Blamont	2025	1798	203	1575	22
3	Saint-Hippolyte . .	2043	1578	726	829	23
4	Maîche	2630	1995	1165	646	184
5	Montbéliard . . .	3479	2638	533	2087	18
6	Pont-de-Roide . .	2310	1816	1017	745	44
7	Le Russey	1773	1348	925	292	135
		18702	15008	5458	9101	445

Elections législatives du 14 octobre 1877.

Nos d'ordre	CANTONS	INSCRITS	VOTANTS	M. Mettetal	M. Viette	Voix perdues
1	Audincourt . . .	4805	4381	636	3614	24
2	Blamont	2149	1904	304	1575	2
3	Saint-Hippolyte . .	2081	1754	940	812	5
4	Maîche	2101	1814	1834	507	16
5	Montbéliard . . .	3793	2932	165	2734	18
6	Pont-de-Roide . .	2071	1874	1240	759	5
7	Le Russey	1489	1286	1271	269	7
		18489	15945	6390	10270	77

Elections législatives du 21 août 1881.

Nos d'ordre	CANTONS	INSCRITS	VOTANTS	M. Viette	Voix perdues
1	Audincourt.	5044	3820	3631	189
2	Blamont.	2209	1709	1597	112
3	Saint-Hippolyte	2027	1441	1160	281
4	Maîche	2738	1858	1081	777
5	Montbéliard.	3900	2576	2371	205
6	Pont-de-Roide	2408	1678	1270	408
7	Le Russey	1791	1103	560	543
		20117	14185	11670	2515

Elections législatives du 4 octobre 1885.

Nos d'ordre	CANTONS	INSCRITS	VOTANTS	M. de Mérode (1)	M. Viette (2)	Bulletins nuls
1	Audincourt . . .	5073	4282	789	3468	8
2	Blamont	2253	1896	345	1585	10
3	Saint-Hippolyte . .	1612	1409	642	825	2
4	Maîche	2749	2411	1565	894	20
5	Montbéliard . . .	3934	2695	263	2379	15
6	Pont-de-Roide . .	2465	2091	1188	1011	11
7	Le Russey. . . .	1742	1520	1173	3[illegible]4	10
		19828	16304	5965	10526	76

(1) En tête de la liste réactionnaire.

(2) En tête de la liste républicaine.

Elections législatives du 22 septembre 1889.

Nos d'ordre	CANTONS	INSCRITS	VOTANTS	M. Viette	M. Kœchlin	M. Petit
1	Audincourt . . .	5340	4363	3573	577	170
2	Blamont	2306	1981	1691	233	39
3	Saint-Hippolyte . .	2061	1717	1067	615	20
4	Maîche	2890	2422	1110	1262	43
5	Montbéliard . . .	3794	2798	2342	182	245
6	Pont-de-Roide . .	2565	2097	1105	957	25
7	Le Russey	1807	1467	459	968	29
		20763	16845	11347	4794	571

Elections législatives du 20 août 1893.

Nos d'ordre	CANTONS	INSCRITS	VOTANTS	M. Viette	Divers
1	Audincourt.	5705	4034	3472	562
2	Blamont.	2479	1891	1606	285
3	Saint-Hippolyte	2075	1485	1227	258
4	Maîche	2996	2218	1512	706
5	Montbéliard	3702	2479	2341	138
6	Pont-de-Roide	2527	1915	1666	249
7	Le Russey	1739	1230	703	527
		21231	15251	12527	2730

RÉSULTATS COMPARÉS PAR CANTONS

DES DIVERSES ÉLECTIONS DE M. VIETTE (*)

Député de l'arrondissement de Montbéliard (1876-1893).

Nos d'ordre.	DATE DES ÉLECTIONS	CANTON d'Audincourt	CANTON DE Blamont (1)	CANTON DE St-Hippolyte.	CANTON DE Maiche	CANTON DE Montbéliard	CANTON DE Pont-d-Roide	CANTON du Russey
1	Du 20 février 1876.	2927	1575	829	646	2087	745	292
2	Du 14 octobre 1877. . . .	3614	1575	812	507	2734	759	269
3	Du 21 août 1881.	3631	1597	1160	1081	2371	1270	560
4	Du 4 octobre 1885.	3468	1585	825	894	2379	1011	364
5	Du 22 septembre 1889. . .	3573	1691	1067	1110	2342	1105	459
6	Du 20 août 1893.	3472	1606	1227	1512	2341	1666	703

(1) Par décret du 12 mai 1893, le chef-lieu du canton de Blamont a été transféré à Hérimoncourt qui donnera désormais son nom à ce même canton (*J. O.* du 17 mai).

(*) M. J.-F.-S. Viette est décédé à Paris, le 15 février 1894. Les obsèques eurent lieu à Blamont, le Mardi 20 février, à 10 heures du matin.

Une souscription publique ouverte pour ériger un monument à sa mémoire, a produit la somme de 20999 fr. 64. non compris la subvention de 10,000 francs accordée par le Gouvernement.

Le monument élevé à Blamont fut inauguré le Dimanche 26 septembre 1897, sous la présidence de M. Turrel, Ministre des Travaux publics ; le buste à placer au devant de l'Ecole pratique d'Industrie de Montbéliard, sera inauguré en même temps que le Nouvel hôpital, le 26 Juin prochain.

Député de l'arrondissement de Montbéliard depuis le 20 février 1876, il fit successivement partie des Ministères suivants, après avoir été élu Vice-Président de la Chambre des Députés, savoir :

Ministère Tirard, 1887, Agriculture.
— Floquet, 1888, —
— Loubet, 27 février 1892, Travaux publics.
— Ribot, 6 décembre 1892, —
— Ribot, 11 janvier 1893, —
— Dupuy, 4 avril 1893. —

Je crois intéressant de donner ici le texte de la dernière profession de foi adressée à ses électeurs par le regretté M. Viette : elle mérite d'être conservée, à titre de souvenir.

Aux Électeurs de l'Arrondissement de Montbéliard.

Mes chers Compatriotes,

J'ai l'honneur de représenter, depuis l'année 1876, l'arrondissement de Montbéliard à la Chambre des députés. J'ai donc traversé avec la République, toutes les crises qui l'ont menacée, toutes les tempêtes qui sont venues l'assaillir et j'ai pu vous donner, dans les circonstances les plus décisives, les preuves de mon attachement à la cause de la liberté, et de ma foi inébranlable en l'avenir de notre grande démocratie.

Dans le cours de cette longue carrière, j'ai toujours placé au-dessus de toutes les autres considérations d'abord l'honneur et

20. — Scrutin du 29 avril 1894.

VILLE DE MONTBÉLIARD.

Inscrits 1947. — *Votants* 1308.

M. Huguet Henri, substitut à Paris, a obtenu à Montbéliard 1016 voix.

Il fut élu député de l'arrondissement par 12311 suffrages sur 14249 votants et 20856 inscrits.

Les résultats pour l'arrondissement de Montbéliard ont été les suivants :

Nos d'ordre	CANTONS	INSCRITS	VOTANTS	M. Henri Huguet	Voix diverses
1	Audincourt	5799	4119	3445	670
2	Blamont	2476	1910	1560	350
3	Saint-Hippolyte	2079	1500	1253	243
4	Maîche	3009	2139	1469	670
5	Montbéliard	3640	2605	2260	338
6	Pont-de-Roide	2502	1898	1637	261
7	Russey	1717	1192	686	498
	Totaux . . .	21222	15363	12310	3030

l'intérêt supérieur de la Patrie française, ensuite les intérêts d'ordre moins général dont vous m'avez confié la garde.

J'ai conscience de n'avoir manqué ni à mes engagements ni à mes devoirs et de n'avoir jamais fait un pas en arrière.

Je me suis efforcé, dans l'exercice du pouvoir, de mettre mes actes d'accord avec mes principes et je reste aujourd'hui ce que j'étais il y a dix-huit ans, lorque j'ai reçu pour la première fois votre mandat, le serviteur dévoué de la France et de la République.

Pour moi, la République n'est pas un mot, mais un ensemble d'institutions démocratiques essentiellement perfectibles, un pro-

Dès 1897, M. Henri Huguet a déclaré ne pas vouloir se représenter en 1898 aux suffrages de ses concitoyens.

Un congrès réuni à Montbéliard, le dimanche 3 avril 1898, a choisi M. le Dr Borne, Maire et Conseiller général de Saint-Hippolyte, comme candidat républicain aux prochaines élections.

21. — Scrutin du 8 mai 1898.

VILLE DE MONTBÉLIARD.

Inscrits 1974. — *Votants* 1452. (1)

Ont obtenu :

MM. le Dr Borne, Conseiller général du Doubs,
Maire de Saint-Hippolyte . . . . 614 voix.
Jules Jeanperrin, industriel à Glay. . . . 379 »
Alphonse Vichard, homme de lettres . . . 247 »
Le comte de Morville, maire de Fleurey . . 128 »
Emile Goll, maréchal-ferrant à Grand-Charmont . . . . 6 »
Bulletins blancs ou nuls. . . . . 78 »

Les résultats pour l'arrondissement de Montbéliard ont été les suivants :

---

gramme d'évolutions progressistes dont nous devons poursuivre sans violence et sans arrêt, la réalisation.

Je viens, avec une conviction que rien n'a pu modifier, ni affaiblir, mettre de nouveau à votre disposition une activité qui n'est pas éteinte et l'expérience que j'ai pu acquérir dans les luttes incessantes et dans la longue pratique de la vie politique.

Veuillez agréer, mes chers Compatriotes, mes remerciements pour les témoignages de sympathie que vous m'avez donnés en toutes circonstances, et l'affectueuse expression de mon dévouement.

F.-J. VIETTE.

Le 5 Août 1893.

(1) Il y a lieu de remarquer que le nombre des votants est le plus élevé qui ait jamais été constaté à Montbéliard.

Résultats généraux du Scrutin du 8 Mai 1898.

Nos d'ordre.	CANTONS	Inscrits	Votants	M. le Dr Borne	M. le comte de Morville	M. Jules Jean-perrin	M. Vichard	M. Goll	Voix perdues
1	Audincourt. . .	6310	4976	2780	751	1281	63	23	78
2	Blamont. . . .	2747	2333	1448	294	549	11	»	31
3	Saint-Hippolyte .	2162	1755	1207	420	98	1	1	28
4	Maîche	3204	2493	1028	1213	199	»	21	32
5	Montbéliard. . .	3687	2774	1596	147	675	257	10	89
6	Pont-de-Roide . .	2533	2072	834	1064	157	2	3	12
7	Russey	1795	1428	285	1070	66	»	»	8
	Totaux . .	22438	17831	9178	4959	3025	334	58	278

IV

Election des Sénateurs.

Les lois qui règlent actuellement le mode d'élection des Sénateurs sont les suivantes :

La loi du 24 février 1875 ;

La loi organique du 2 août 1875 ;

La loi du 8 décembre 1884, qui a suspendu l'effet de l'article 7 de la loi du 24 février 1875, sur le remplacement des Sénateurs inamovibles ;

Et la loi du 9 décembre 1884 portant modification aux lois organiques sur l'organisation du Sénat et l'élection des Sénateurs.

Le Sénat se compose de 300 membres dont 225 seulement étaient élus par les départements, et 75 élus à vie par l'assemblée nationale.

Depuis la loi du 8 décembre 1884, le remplacement des sénateurs inamovibles a lieu par les départements, par voie de tirage au sort.

C'est ainsi que le département du Doubs qui n'avait précédemment que 2 Sénateurs, en possède 3 en ce moment par suite de l'attribution d'un siège de Sénateur inamovible qui lui a été faite en 1889.

Nul ne peut être élu Sénateur, s'il n'est français, âgé de 40 ans au moins, et s'il ne jouit de ses droits civils et politiques.

Les Sénateurs des départements sont élus pour 9 ans, à la majorité absolue et, quand il y a lieu, au scrutin de liste, par un Collège électoral réuni au chef-lieu du département, et composé :

Des Députés,

Des Conseillers généraux,

Des Conseillers d'arrondissement,

Et des Délégués des Conseils municipaux, nommés conformément aux dispositions de la loi du 8 décembre 1884.

Le Sénat se renouvelle tous les trois ans, conformément à l'ordre des séries des départements et colonies existantes.

Résultats des Scrutins dans le département du Doubs.

---

1. — Scrutin du 30 janvier 1876 pour 2 Sénateurs.

Inscrits 706. — *Votants* 706.

Ont obtenu :

MM. Monnot-Arbilleur (1) . . . . 392 voix ELU

Oudet, (2) avocat, maire de Besançon . 359 » »

de Mérode, (3) ancien député . . . . 346 »

Mettetal, (4) ancien député . . . . . 313 »

2. — Scrutin du 19 novembre 1876 pour 1 Sénateur.

Inscrits 701. — *Votants* 701.

Ont obtenu :

MM. de Mérode, ancien député . . . . . 395 voix ELU

Fernier, (4) ancien député . . . . . 302 »

---

(1) Elu député du Doubs à l'Assemblée nationale le 12 février 1871.

(2) Décédé le 8 avril 1897.

(3) Elu député de la 2e circonscription du Doubs, le 23 mai 1869.

(4) Elus tous deux députés du Doubs à l'Assemblée nationale, le 12 février 1871.

3. — Scrutin du 25 janvier 1885 pour 2 Sénateurs.

Inscrits 895. — *Votants* 891.

Ont obtenu :

MM. Oudet	529 voix	ELU
Gaudy (1)	520 »	»
de Mérode, ancien député	374 »	
Kœchlin Nicolas	350 »	

4. — Scrutin du 26 mai 1889.

Nouveau siège attribué au département du Doubs par suite du décès d'un Sénateur inamovible.

Inscrits 903. — *Votants* 903.

Ont obtenu :

MM. Bernard, (2) député de Baume . . .	555 voix	ELU
de Mérode, (3) ancien sénateur . . .	343 »	

5. — Scrutin du 7 janvier 1894.

Inscrits 898. — *Votants* 891.

Ont obtenu :

MM. Bernard, sénateur sortant	726 voix	ELU
Gaudy, sénateur sortant	672 »	»
Oudet, (4) sénateur sortant	663 »	»
de Mun	154 »	
Delahaye	148 »	
Kergall	125 »	

---

(1) Elu député du Doubs, le 7 janvier 1872; décédé le 19 août 1895.

(2) Voir pages 23 et 24 aux Elections législatives.

(3) Elu député du Doubs le 23 mai 1869.

(4) Décédé le 8 avril 1897.

6. — Scrutin du 17 novembre 1895.

(Election d'un Sénateur en remplacement de M. Gaudy)

Ont obtenu :

1er tour.

MM. Rambaud	257	voix
Dr Saillard	242	»
Dr Borne	213	»
Vuillecard	89	»
Jouffroy	81	»

2e tour.

MM. Rambaud	367	voix
Dr Borne	295	»
Dr Saillard	222	»
Vuillecard	1	»
Jouffroy	2	»

3e tour.

MM. Rambaud (1)	506	voix ELU
Dr Borne	319	»
Dr Saillard	52	»
Vuillecard	2	»
Jouffroy	1	»

7. — Scrutin du 30 mai 1897.

Inscrits 900. — *Votants* 886.

Ont obtenu :

MM. Saillard, docteur en médecine	466	voix ELU
Borne, docteur en médecine	428	»
Divers	2	»

(1) Ministre de l'Instruction publique (Ministère Méline, 1896-1898).

V

Votes divers.

1. — Vote de Prairial, an XII.(1)

« Le Peuple veut l'hérédité de la dignité Impériale dans la descendance directe naturelle, légitime et adoptive de Napoléon-Bonaparte, et dans la descendance directe, naturelle et légitime de Joseph Bonaparte et de Louis Bonaparte, ainsi qu'il est réglé par le Sénatus consulte organique du 28 floréal an XII. »

Montbéliard	497 oui,	pas de non.
Aibre	5 »	6 »
Exincourt	36 »	1 »
Arbouans	5 »	1 »

Résultats généraux connus pour le Doubs.

Arrondissement	de Baume	7199 oui,	1 non
—	de St-Hippolyte	2671 »	30 »
—	de Besançon	?	?
—	de Pontarlier	?	?

2. — Scrutin du 20 décembre 1851.

« Le Peuple français veut le maintien de l'autorité de Louis-Napoléon Bonaparte, et lui délègue les pouvoirs nécessaires pour faire une Constitution sur les bases proposées dans sa proclamation du deux décembre. (Décret du 2 décembre 1851). »

(1) Décret du 29 floréal, an XII.

1re Section : MONTBÉLIARD.

Inscrits 1259. — *Votants* 888.

Oui 559. — Non 321.

2e Section. — *Inscrits* 528. — *Votants* 363.

Oui 225. — Non 136.

Résultats pour le département du Doubs.

Inscrits 77917. — *Votants* 64278.

Oui	60123
Non	3695
Bulletins blancs	460

Le 31 décembre 1851, un décret publiait les résultats du plébiscite qui furent les suivants : 7,439,216 oui, 640,737 non et 36,820 bulletins annulés comme irréguliers. Ces résultats furent affichés dans toutes les communes de la République, une fête nationale eût lieu le 11 Janvier 1852 dans toute la France, et un *Te Deum* fut chanté dans toutes les églises, conformément aux prescriptions du Décret du 29 décembre 1851.

3. — Scrutin du 21 novembre 1852.

« Le Peuple français veut le rétablissement de la dignité Impériale dans la personne de Louis-Napoléon Bonaparte avec hérédité dans sa descendance directe, légitime ou adoptive, et lui donne le droit de régler l'ordre de succession au trône dans la famille Bonaparte, ainsi qu'il est dit dans le Sénatus consulte du 7 novembre 1852. (Décret du 7 novembre). »

MONTBÉLIARD.

Inscrits 1210. — *Votants* 1036.

964 Oui. — 51 Non.

Le recensement général des votes a donné pour le Doubs : Inscrits, 77522 ; Votants, 63029 ; 60681 oui, 1707 non, 641 bulletins nuls. Pour la France : 7,824,189 oui ; 253,145 non ; 63,326 bulletins nuls.

4. — Scrutin du 8 mai 1870.

« Le Peuple approuve les réformes libérales opérées dans la Constitution depuis 1860 par l'Empereur, avec le concours des Grands Corps de l'Etat, et ratifie le Sénatus consulte du 20 avril 1870. » (Décret du 25 avril 1870).

MONTBÉLIARD.

Inscrits 1737. — *Votants* 1192.

Oui 361. — Non 803.

Les résultats de ce vote furent les suivants : Pour le Doubs : Inscrits, 83,785 ; Votants, 66,197 ; 48,743 Oui ; 16,177 Non ; 1277 nuls.

Pour la France : Inscrits, 10,939,384 ; Votants; 9.044,703; Votes affirmatifs, 7,358,786 ; Votes négatifs, 1,571,939 ; Votes nuls, 113,978.

TABLE DES MATIÈRES

www.ingramcontent.com/pod-product-compliance
Lightning Source LLC
LaVergne TN
LVHW020252230826
846091LV00006B/2371
9782013456227